AF264324